Christopher Krause

Robotik - Einblick in die künstliche Intelligenz

**Überblick über die Robotik und dessen Anwendungsbereiche & ein Exkurs
zu Zukunftsvisionen im Hinblick auf „Mensch und Maschine"**

GRIN Verlag

Bibliografische Information der Deutschen Nationalbibliothek:

Die Deutsche Bibliothek verzeichnet diese Publikation in der Deutschen National-
bibliografie; detaillierte bibliografische Daten sind im Internet über http://dnb.d-
nb.de/ abrufbar.

Impressum:

Copyright © 2009 GRIN Verlag GmbH
Druck und Bindung: Books on Demand GmbH, Norderstedt Germany
ISBN: 978-3-656-04438-3

Dieses Buch bei GRIN:

http://www.grin.com/de/e-book/181475/robotik-einblick-in-die-kuenstliche-intelli-
genz

Fachhochschule der Wirtschaft
- FHDW -
Bergisch Gladbach

Studienarbeit

Thema:
Robotik -
Einblick in die künstliche Intelligenz,
Überblick über die Robotik und dessen Anwendungsbereiche &
ein Exkurs zu Zukunftsvisionen im Hinblick auf „Mensch und Maschine"

Verfasser:
Christopher Krause

1. Studientrimester
Studiengang: Information Science for Business / Wirtschaftsinformatik
Studiengruppe: BFW4B8
Studienfach: Praktische Informatik

Eingereicht am:
20.02.2009

I. Inhaltsverzeichnis

1.0 Grundlegendes

1.1 Einleitung

Diese Arbeit befasst sich im Allgemeinen mit einem grundlegenden Themengebiet der Informatik, der künstlichen Intelligenz. Nach einer Einführung in diese breitgefächerte, wissenschaftliche Disziplin, um das nötige Hintergrundwissen bereitzustellen, liegt der Schwerpunkt auf einem (in der künstlichen Intelligenz) impliziten Bereich, nämlich der Robotik. Es werden hier die verschiedenen Anwendungsbereiche, deren Methoden und auch Möglichkeiten genauer betrachtet. Im Anschluss dessen wird in einem moralischen Exkurs das Augenmerk auf die Zukunftsvisionen und ihre möglichen Vorteile, aber auch Konsequenzen gerichtet. Diese Ausarbeitung soll einen möglichst weitreichenden Überblick über den komplexen Sachverhalt geben, jedoch ist eine gesamte Betrachtung aller vorkommenden Inhalte nicht gewährleistet.

Ich entschied mich für diese Thematik, da sich mein persönliches Interesse vor allem in diesem Teilbereich befindet, da heutzutage die Computertechnologie im Alltag nicht mehr wegzudenken ist. Sie gewinnt sogar von Jahr zu Jahr immer mehr an größerer Bedeutung, da die Menschen schon gar nicht mehr wissen, in welchen Alltagsgegenständen Massen an Mikrochips und neuartigen Technologien eingebaut sind. Zudem bietet diese Technik viele Vorteile, die die Menschen nicht gerne missen würden, da sie vieles unbewusst erleichtert.

Diese Studienarbeit soll zunächst einen Überblick über die tatsächlichen Möglichkeiten geben, was durch künstliche Intelligenz erreicht, aber auch noch nicht erreicht werden kann, da oft an den Begriff übertriebene und scheinbar unerreichbare Erwartungen gerichtet sind, die die junge Wissenschaft mit ihrem heutigen Stand nicht erfüllen kann, obwohl sie schon einiges durch die letzten fünfzig Jahre an Forschung und Entwicklung aufzubieten hat. Sie soll aber auch Fragen aufwerfen, die schon verschiedene Professoren renommierter Universitäten auf der ganzen Welt beschäftigen und einen kleinen „Blick in die Zukunft" wagen, was den Menschen möglicherweise im 22. Jahrhundert[1] erwartet. Wird es etwa in naher Zukunft ein Leben von Mensch und Roboter Seite an Seite geben? Wann wird es die erste Maschine geben, die in allen Belangen schneller, besser und leistungsfähiger als ein Mensch ist? Oder bereitet der Mensch durch die jetzigen, revolutionären Entwicklungen im Bereich „Robotik[2]" seine eigene Unterwerfung oder gar Vernichtung vor?

Solche Szenarien sind längst nicht mehr nur Science – Fiction, sondern schon ansatzweise im Bereich des Möglichen. Aus diesem Grund ist die Wichtigkeit der zusammenhängenden Themen „Künstliche Intelligenz" und „Robotik" nicht zu unterschätzen, da es auf lange Sicht Jeden treffen wird. Bevor nun näher in die Thematik eingegangen werden kann, muss erstmal geklärt werden, was man unter Intelligenz eigentlich versteht.

Diagnosen verschiedener Arten genutzt. Die betreffenden, industriellen Bereiche erstrecken sich von dem zivilen Gebiet (Post, Banken, Kommunikationstechnik) über den wissenschaftlichen Zweig (Meteorologie, Medizin, Luft- und Raumfahrt) bis hin zur militärischen Nutzung (Sicherheits- und Angriffstechnik).

1.3 Künstliche Intelligenz

1.3.1 Geschichte

Die wissenschaftliche Disziplin „Künstliche Intelligenz" blickt schon auf ein halbes Jahrhundert Entwicklung zurück, die in dem entscheidenden Jahr 1956 ihren Lauf nahm. In der Folge verschiedener Tagungen von angesehenen, amerikanischen Wissenschaftlern wurden zahlreiche Forschungsprojekte an vielen, technischen Universitäten ins Leben gerufen, um die wesentlichen Problemstellungen in den Bereichen Psychologie, Linguistik, Ingenieurwissenschaften und Management durch die K.I. zu lösen. Viele begonnene Projekte, die mit der anfänglichen Euphorie als simpel erschienen, erwiesen sich nach ersten Erkenntnissen als enorm unterschätze Aufgabe, sodass man das Problem kleinschrittiger und spezieller fassen musste.

Daraus entstanden vier Entwicklungsphasen des Forschungszweigs „künstliche Intelligenz", die unterschiedliche Schwerpunkte besitzen. Die erste Phase, die Gründung am Ende der 1950er, war durch die Erstellung der allgemeinen Problemlösungsverfahren[7] gekennzeichnet, deren eingeschränkte Tragweite durch viele Fehlschläge sofort erkannt wurde. Die zweite Phase umfasste die 1960er Jahre und befasste sich mit der systematischen Bearbeitung der Zentralenfragen der K.I., die durch das amerikanische Verteidigungsministerium wegen Eigeninteressen massiv gefördert wurde. In der anschließenden Phase, die auch zehn Jahre lang war, lag der Mittelpunkt der Forschung auf den Entwürfen von Roboter- und Expertensystemen[8]. In dieser Zeit wurden große Fortschritte im Bereich Wissenspräsentation erzielt, sodass nun komplexe Aufgaben für ein Spezialgebiet gelöst werden konnten. Die letzte Phase, die seit 1980 andauert, ist die umfassende Mathematisierung der K.I (vgl. mit Kapitel: neuronale Netze), was derzeit das größte Problem der „Darstellung der Intelligenz" birgt.

1.3.2 Anwendungsbereiche

Aus diesen verschiedenen Phasen haben sich heutzutage nun sechs verschiedene Anwendungsbereiche gebildet, die nur ihr jeweiliges Ziel zu verwirklichen versuchen.

Die erste Anwendung nennt sich „Automatische Beweise". Dies entspringt aus der Disziplin Logik und hilft vor allem in vielen Wissenschaften bei der Notwendigkeit der Beweisführung von mathematischen Aussagen. Das automatische Beweisen erfolgt rein syntaktisch und findet bei der

K.I. – Programmiersprache PROLOG[9] häufige Verwendung. In PROLOG ist jedes Programm ein Beweis, wo beispielsweise das gängige Verfahren zur Überprüfung von Programmen auf Fehlerfreiheit zu nennen wäre.

Der zweite Bereich sind die Expertensysteme, die aus einem Spezialgebiet Wissen speichern, daraus schlussfolgern und anschließend konkrete Lösungen anbieten können. Aufgrund der Wichtigkeit der Funktion als Ersatz von menschlichen Experten wird dieses Thema im nächsten Abschnitt separat behandelt.

Der nächste Teil der K.I. beschäftigt sich mit der natürlich – sprachlichen Kommunikation. Dabei steht also besonders die Erkennung, Verarbeitung und Rekonstruktion der menschlichen Stimme in Schrift und Laut im Vordergrund, wozu es aber bis heute keine einheitliche Spracheingabelösung gibt. Von entscheidender Bedeutung ist die Funktion der automatischen, maschinellen Umwandlung von gesprochener Sprache in geschriebenen Text, die jedoch noch das Sprachverstehen (z.B. korrekte Semantik) generell umfasst, da die Spracheingabe erst aufgenommen, erkannt, segmentiert und analysiert werden muss. Ein Beispiel zur automatischen Spracherkennung ist die Entwicklung der telefonischen Dialogsysteme.

Die vierte, aufwendige Anwendung ist die Mustererkennung und Analyse von Informationen auf visueller Basis (Bildverarbeitung), genauer gesagt das „Verstehen von Bildern". Dies ist eines der schwierigsten Teilgebiete der K.I., da sie wie die sprachliche Erkennung derzeit noch viele Probleme birgt, da Kameras nur Millionen einzelner Bildpunkte liefern, ohne sie zu konkreten Gebilden zusammenzufassen. Die einzelnen Bildpunkte müssen jedoch als zusammenhängende Objekte erkannt, anschließend interpretiert und automatisch in den Gesamtzusammenhang des Bildes gebracht werden. Als eine nützliche Verwendung dessen wäre die Gesichtserkennung beim Suchen nach vermissten Personen durch Überwachungskameras möglich.

Das folgende Teilgebiet der K.I. hat in den vergangenen Jahren immer wieder für Aufregen gesorgt, die Spielprogrammierung – besonders die Schachprogrammierung. Schach und dessen Ableger sind die populärsten Brettspiele der Menschen und speziell Schach beinhaltet eine sehr komplexe Spielstruktur, was man daran erkennen kann, dass laut Schätzungen mehr als 10^{150} verschiedene Spielverläufe möglich sind. Deswegen dient dieses Spiel auch öfters zum Zeigen der eigenen Intelligenz.

Abbildung 3: Schachweltmeister vs. Deep Fritz

So ist es auch geschehen bei den Schachweltmeisterschaften und dem Wettstreit zwischen Schachweltmeister und „Deep Fritz" (Mehrprozessorsystem als Schachgegner) im Jahr 2006 (siehe Abbildung 3).

Da Deep Fritz gewann und bisher auch seine Vorgängersysteme ungeschlagen sind, gilt die Schachprogrammierung weiterhin als Domäne der künstlichen Intelligenz.

Der mit Abstand größte und anspruchsvollste Bereich der K.I. ist die Robotik, da sie in gewisser Weise alle zuvor genannten Techniken und Methoden einschließt, kombiniert und somit versucht, intelligente Maschinen mit menschlichen Eigenschaften zu erschaffen. Dieser Aspekt wird im nächsten Thementeil genauer beleuchtet.

1.3.3 Expertensystem

Wie zuvor angesprochen dienen Expertensysteme zur Sicherung und Nutzung von Expertenwissen. Doch wann ist jemand denn ein Experte? Er muss ein großes Wissen aus Regeln und Fakten in einem bestimmten Fachbereich besitzen und zusätzlich über individuelle Erfahrung verfügen, die er durch seine Ausübung als Sachverständiger erlangt. Auf der Grundlage dieser Kenntnisse fällt der Experte seine Lösungsstrategie und kann bei Fehlschlägen gleichgute Alternativen präsentieren.

Somit sind Expertensysteme solche Computersysteme, die zuerst das Fachwissen des Experten speichern müssen. Zudem muss das Expertensystem Inferenzwissen[10] besitzen und Heuristik[11] verwenden können, um eigenständig Schlussfolgerungen aus den gegebenen Daten ziehen zu können und diese auch im Anschluss erklären können. Deshalb sind für Expertensysteme folgende Techniken typisch:

- selbstständige Erschließung von Wissen;
- Verwendung von unsicheren (vagen) Fakten;
- Einbau von Erklärungskomponenten, um auf Wunsch des Benutzers die Arbeitsweise und das Ergebnis des Programms zu erläutern.

Jedes Expertensystem kann man in ein von zwei möglichen Typisierungen einsortieren, entweder zu den Analytischen (Gebiete sind Diagnose und Klassifikation) oder zu den Synthetischen (Gebiete sind Planung, Konfiguration und Fertigungssteuerung). Trotz der unterschiedlichen Typen und Anwendungen sind Expertensysteme anfangs grundsätzlich gleich aufgebaut

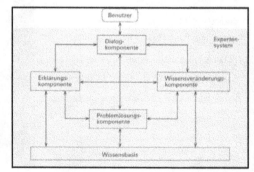

Abbildung 4: Grundschema eines Expertensystems

(siehe Abbildung 4), da jedes Expertensystem dasselbe Gerüst besitzt, nämlich die sogenannte „Expertensystem – Shell". Eine Shell beinhaltet folglich kein Expertenwissen, stattdessen aber Dialogschnittstellen, Erklärungseinrichtungen und verschiedene, vorimplementierte Mechanismen zur Steuerung des Programms und zum Zugreifen auf Datenbanken. Die mit Fachwissen gefüllte Wissensbasis (die Expertensystemdatenbank) macht aus der Shell erst ein komplettes Expertensystem. Nun kann das Ziehen von Schlussfolgerungen durch die verketteten Regeln aus der Wissensbasis erfolgen.

Das allgemeine Ziel von Expertensystemen ist einfach: Menschliche Experten sind rar, werden aber verhältnismäßig viel mehr gebraucht, da sie sich auch mit Routineaufgaben beschäftigen müssen. Durch das „Anlernen" und den Einsatz von Expertensystemen könnte dieses Problem der „Ressourcenknappheit" gelöst werden. Doch die Entwickler solcher Expertensysteme stecken sich weitere, teils viel höhere Ziele:

- Die Fachgebietsunabhängigkeit soll erreicht werden!
- Die Leistungsfähigkeit soll vergleichbar zur Entscheidungsfreiheit des Menschen angeglichen werden!
- Die Wissensbasis soll schrittweise erweiterbar sein und das gespeicherte Wissen soll durch neue Erkenntnisse modifiziert werden können!
- Die Erklärung von Ergebnissen und die dafür angewandte Vorgehensweise sollen logisch begründet werden können, um die Ergebnisse für den Benutzer transparent und bewertbar zu machen!

Zum heutigen Zeitpunkt können Expertensysteme schon für viele verschiedene Aufgabenfelder zum Einsatz kommen, besonders bei „wohl definierten" Aufgabengebieten. Beispiele für die laufende Nutzung von Expertensystemen sind Internetsuchmaschinen und Wettervorhersagen.

2.0 Robotik

2.1 Einführung

Die Robotik vereint (wie schon angesprochen) nun mehr oder weniger alle Teilgebiete der künstlichen Intelligenz, viele Aspekte der Elektrotechnik und des Maschinenbaus und ist somit eines der spannendsten Kapitel der heutigen Zeit. Der Begriff an sich entstand durch den russisch – amerikanischen Biochemiker und Schriftsteller Isaac Asimov, dem ein späteres Kapitel gewidmet ist. Das Ziel der heutigen Robotik ist die erfolgreiche Verknüpfung der Mechanik und Elektronik eines Roboters.

Doch was ist ein Roboter überhaupt? Ein Roboter ist ein selbstständiges, mobiles oder stationäres, programmierbares, elektromechanisches Gerät, das hauptsächlich in der Industrie und wissenschaftlichen Forschung Verwendung findet. Er wird zudem nur für eine spezielle Aufgabe oder für einen kleinen Aufgabenbereich eingesetzt.

2.2 Stand der Wissenschaft (Anwendungsbereiche)

Jeder Roboter hat dieselben „Grundbausteine", obwohl zurzeit ein hohes Maß an diversen Roboteraussehen im Bereich der Robotik herrscht. Er besitzt grundsätzlich immer Sensoren zur Kommunikation (hauptsächlich für die Informationsaufnahme) mit der Umgebung, zudem Effektoren[12], um Tätigkeiten auszuführen und mindestens eine Steuereinheit, um den ganzen Roboter zu koordinieren. Alle Roboter gehören auch in eine von drei Gruppentypen, die sich durch ihre mechanischen Eigenschaften unterscheiden.

Die „mobilen Roboter" bilden die erste Gruppe. Sie haben die technischen Möglichkeiten sich in ihrer Umgebung mit Hilfe von Rädern, Beinen, Raupenketten oder Ähnlichem fortzubewegen und werden deshalb oft als Transporthilfsmittel eingesetzt, um schwere Lasten zu befördern. Neben den Transportrobotern gibt es auch andere fahrbare Roboter, die die Arbeit des Menschen für einen speziellen Bereich abnehmen, wie die Haushaltsroboter. Sie sind dank ihrer fest einprogrammierten Routinen in der Lage, autonom

Abbildung 5: intelligenter Rasenmäher

ihre Aufgabe abzuarbeiten, wie z.B.: Staub saugen, Rasen mähen, womit der Mensch zeitlich und körperlich entlastet wird.

Der zweite Typ sind die „Manipulatoren". Ihr Name entstand dadurch, dass diese stationären Roboter die Aufgabe besitzen, vor allem in Fertigungshallen (Bsp.: Automobilindustrie), aber auch mittlerweile in Krankenhäusern die „Werkstücke" zu bearbeiten (manipulieren). Sie bestehen meist aus vielen beweglichen Gelenken und Roboterarmen und können dank ihrer Widerstandsfähigkeit und Präzision gesundheitsgefährdende sowie verantwortungsvolle Aufgaben übernehmen. So ist es mittlerweile auch nicht unüblich, aufgrund dieser Eigenschaften amputierte Körperteile durch künstliche, fast gleichwertige Roboterprothesen zu ersetzen.

Schließlich gibt es noch die humanoiden Roboter, die vergleichsweise kleinste Gruppe der drei Arten. Sie stellen die „intelligenten Roboter" dar, da sie sich durch ihre menschenähnliche Form auszeichnen, weil ihre Sensoren und Effektoren wie die des Menschen angeordnet sind. Trotzdem sind heutige Humanoide in ihren Fähigkeiten ziemlich beschränkt. Auf Grund der menschlichen Form ist es beispielsweise besonders schwer, den „menschlichen Robotern" das dynamische

Fortbewegen auf zwei Beinen zu ermöglichen, da die Leistungsfähigkeit heutiger Rechner nicht ausreicht, die Echtzeitberechnungen während eines Schrittes bei normaler Schrittgeschwindigkeit abzuarbeiten. Das Pilotprojekt in diesem Bereich mit schon zwanzigjähriger Entwicklungsphase ist Hondas intelligenter, mobiler Roboter im Astronautenaussehen (ASIMO). Er ist zurzeit der fortschrittlichste, schnellste (jedoch immer noch langsamer als ein Kleinkind) und der am weitest entwickelte Prototyp (jedoch noch unter der Lernfähigkeit eines sechs Monate alten Säugling). Es ist also noch ein langer Weg, bis solche Roboter selbstständig wahrnehmen, Situationen analysieren, abschätzen und danach zielsicher Aufgaben durchführen können.

Abbildung 6: intelligenter Roboter

Neben den genannten, zahlreichen Vorteilen des weitreichenden Fortschritts in der Robotik ist bisher die eigentlich treibende Seite, die militärische Förderung und Nutzung solcher Roboter, bisher außer Acht gelassen.

Zum heutigen Zeitpunkt werden nämlich schon einige mobile Roboter bei zivilen und militärischen Operationen benutzt, die sogenannten „Packbots". Sie werden zwar ausschließlich für Spionageaufgaben zur Aufklärung und Erkundung gefährlicher, unbekannter Gebiete genutzt, jedoch ist der Schritt zu einem „Tötungsroboter" somit nicht mehr weit entfernt. Ausgestattet mit Wärmebildkamera, einem empfindlichen Mikrofon, GPS-Empfänger, zahlreichen Umgebungssensoren und einer kabellosen Fernsteuerung mit einem Kilometer Reichweite ist es den Soldaten und Polizisten schon bei aktuellen Einsätzen möglich, ohne sich selber in Gefahr zu begeben, Straftäter und Feinde auszuspähen und auf Grund der gesammelten Informationen einen effizienten Übergriff zu vollziehen.

Abbildung 7: Militär-Roboter

Der Roboter selbst besitzt (noch) keine Waffen (siehe Abbildung 7), was aber laut dem Erfinder nur noch eine Frage der Zeit ist, da menschliche Verluste, beispielsweise in Kriegen, bald nicht mehr von den Menschen toleriert werden. Dieser Sprung von ungefährlichen zu bewaffneten Robotern ist schon fast vollzogen worden, da das amerikanische Verteidigungsministerium bereits mit teamfähigen, kleinen Robotern („Swarm-Bots[13]") experimentiert. Sie sollen beispielsweise bewegliche, intelligente Minenfelder erzeugen, die sich automatisch nach einer Explosion neu gruppieren können, um ein Durchdringen unmöglich zu machen.

Gegen diese Versuche sind natürlich die Erfinder, Entwickler und Projektleiter der Swarm- und Packbots, da ihre Roboter ausschließlich für den friedlichen Gebrauch konzipiert wurden, um Menschen zu schützen und im besten Fall sogar zu retten. Diese Gegenwehr wird jedoch wahrscheinlich nicht von langer Dauer sein, da der Wettbewerb des Fortschritts um die Macht zwischen den Staaten einfach zu groß ist, um die kriegerische Nutzung und deren Weiterentwicklungen der überlegenen „Roboterarmeen" zu stoppen.

Somit bleibt abzuwarten, welche der beiden Parteien sich schließlich durchsetzen kann, da beide Seiten ihre Meinungen mit den schlüssigen Argumenten nicht so leicht aufgeben werden.

3.0 Exkurs

3.1 Einführung

Auf Grund der Brisanz des Themas „Künstliche Intelligenz" bei den Menschen herrschen natürlich auch viele, unbeweisbare Vermutungen und möglicherweise eintretende Zukunftsszenarien. Die am häufigsten gestellte Frage in diesem Zusammenhang „Mensch und Maschine – Bedrohung oder Ergänzung?" beschäftigt die Menschen am meisten. Es gibt insgesamt viele verschiedene Ansätze, die in diesem Jahrhundert (oder eher Jahrtausend?!) auch durchaus verwirklicht werden können, aber eines ist mit aller Sicherheit klar: Es werden vorerst keine Roboter geben, die in allen Belangen gleichwertig mit dem Menschen konkurrieren können, da es Jahrhunderte dauern würde, um einem Roboter den Erfahrungsschatz und die Intelligenz nur eines Kindes zu geben!

3.2 Isaac Asimov

Wie schon bereits geschrieben, ist Isaac Asimov der Begründer der Robotik. Ebenso spannend wie die Robotik war auch Asimovs Leben. Er wurde 1920 in Russland geboren und wanderte mit seinen Eltern als Dreijähriger in die USA aus. Dort legte er einen beachtlichen Werdegang hin. Mit 20 Jahren hielt er den Bachelor in Science in Chemie inne und veröffentliche zugleich erfolgreich Sciene – Fiction Erzählungen. Kurze Zeit später folgte schon der Masterabschluss und die angehängte Promotion, um später als

Abbildung 8: Portrait Isaac Asimov

Dozent für Biochemie tätig zu sein. Neben all dem widmete Asimov sich weiterhin dem Schreiben und veröffentliche die ersten Romane (die Bekanntesten: „I, Robot", „Und Finsternis wird kommen", „Robbie"). Er postulierte in seinen Robotergeschichten immer wieder die sogenannten „Drei Gesetze der Robotik", die für folgende Autoren und sogar auch Wissenschaftler nun als Grundlage dienen. Aufgrund seines Erfolgs und der Anerkennung seiner Leistungen hielt er bis zum Tode viele Ehrenämter inne. Isaac Asimov starb im Alter von 72 Jahren an einem natürlichen Tod.

3.3 Visionen (Science Fiction – Filme)

Mittlerweile gibt es schon unzählige Filme, die die Träume der Menschen über humanoide Roboter wahr werden lassen, wie[14] A.I. - Künstliche Intelligenz, 2001 – Odyssee im Weltraum, Judge Dredd, Terminator, I,Robot und Der 200-Jahre-Mann.

In jedem der Filme spielt der Roboter mit seiner eigenen Intelligenz eine besondere Rolle. Er steht im Dienst der Menschen, übernimmt verschiedene, alltägliche Aufgaben und überwacht das menschliche Zusammenleben. Neben all den positiven Aspekten zeigen sie aber auch die negativen Seiten auf, die in vielen Fällen der Mensch gar nicht selbst verschuldet, sondern die „Maschine ihren eigenen Willen" über den der Schöpfer stellt. Dieses Horrorszenario stellt wohl die größte, vermutete Gefahr für die Menschen dar. So geschehen ist es auch im Film I,Robot, da die „künstlichen Gehirne" der Roboter die gedachten Fähigkeiten der Produktionsfirma überschreiten.

Ein weiteres Beispiel übertriebener Erwartungen in die künstliche Intelligenz stellt der Film „Der 200-Jahre-Mann" deutlich heraus, da der Film die Entwicklung eines humanoiden Roboters zu einem „vollwertigen Menschen" mit einem künstlichen, zentralen Nervensystem und künstlichen, lebenswichtigen Organen, wie Herz, Lunge und Magen darstellt.

Im Gegenzug zu diesen eher sehr unrealistischen Science-Fiction-Filmen steht die Zukunftsvision der „Robo Sapiens[15]" (vgl. Serie: Der-6-Millionen-Dollar-Mann). Die moderne Robotertechnik soll es bald ermöglichen, die biologischen Eigenschaften des Menschen zu optimieren. So soll die Möglichkeit bestehen, die vorhandenen Sinne des Menschen durch Gehirnimplantate zu verfeinern, zusätzliche Sinne wie Ultraschall und Infrarot hinzuzufügen, um die Reflexe und Fähigkeiten im Allgemeinen zu verbessern.

Die Roboterzukunft ist also der Mensch, da ein reiner Mensch bzw. Roboter nie so gut sein kann wie die Mensch-Roboter-Kombination.

3.4 persönliche Stellungnahme

In dieser Studienarbeit wurden nun verschiedene Aspekte des Themas „Künstliche Intelligenz" und „Robotik" dargestellt. Auf Grund dessen, dass dieser Bereich trotz ihrer langjährigen Entwicklungszeit noch erst in ihrem Anfangsstadium steht und somit noch größere Bedeutung in der Zukunft zugewiesen bekommt, da sich die Gesellschaft immer weiter technologisiert, sind die kleinschrittigen Fortschritte nicht von der breiten Menschenmasse gewürdigt, wie sie es eigentlich verdient hätten. Dieses Leben mit Robotertechnik scheint für die Bevölkerung der Industriestaaten noch weit hergeholt und übertrieben, obwohl sie längst, wie zuvor gesehen, Einzug in unser alltägliches Leben genommen hat.

Nach meiner Meinung ist die künstliche Intelligenz und die damit eng verbundene Roboterentwicklung eine der spannendsten Fragen der gegenwärtigen Wissenschaft. Dies hat viele Gründe, da dieses Gebiet zum einen noch viele, ungelöste Probleme bietet, die es zu erforschen und zu lösen gilt. Zum anderen wird diese Technik im besten Fall ein ziemlich wichtiger und nicht unerheblicher Teil der Menschheit werden. Deshalb sollte sich jeder Mensch dafür nun interessieren, um im Trend der Zeit zu bleiben. Ich werde die nächsten Entwicklungen jedoch mit einem kritischen Auge beobachten, da neben all dem Optimismus auch die Nachteile im Hinterkopf behalten werden müssen. Für mich persönlich wäre die Vorstellung meinen Körper mit Roboterteilen und Chips zu verbessern zwar im ersten Moment beängstigend, aber zugleich bei längerem Abwägen überlegungswert. Der Gedanke, dass man als Robo Sapie, leistungsfähiger, schneller und überlegener als alle andere Menschen sein kann, beflügelt meiner Einschätzung nach jeden Menschen, da es sonst nicht so einen großen Kult um Superhelden gäbe. Es liegt nämlich in der Natur des Menschen, ständig nach Perfektionismus und Macht zu streben. Deshalb versucht er ständig ein Ideal seines Gleichen zu schaffen, wo nur die besten Eigenschaften vorhanden sein sollen, um nicht selten über die Anderen zu herrschen und um seine Macht zu zeigen. So bleibt die Entwicklung der künstlichen Intelligenz im gewissen Sinne ein zweischneidiges Blatt: zum einen der ständige Herrschaftsdrang und zum anderen die dauerhafte Angst vor der perfekten Leistungsfähigkeit der erschaffenden, „denkenden Maschinen", die vielleicht eines Tages doch nicht *für* die, sondern *gegen* die Menschen handeln.

4.0 Anhang

4.1 Isaac Asimovs „Drei Gesetze der Robotik"[16]

Gesetz 1:

„Ein Roboter darf keine Menschen verletzen oder durch Untätigkeit zulassen, dass ein Mensch verletzt wird."

Gesetz 2:

„Ein Roboter muss Befehle von Menschen befolgen, außer selbige Befehle verstoßen gegen das erste Gesetz."

Gesetz 3:

„Ein Roboter muss sein eigenes Dasein schützen, es sei denn, er verletzt durch diesen Selbstschutz das erste oder zweite Gesetz."

5.0 Quellenverzeichnisse

5.1 Endnoten

[1] subjektive Schätzung

[2] Robotik: Forschungsgebiet, das Teilgebiete der Informatik (insbesondere: künstliche Intelligenz) umfasst und sich mit der Steuerung und Entwicklung von Robotern beschäftigt

[3] Kognitive Prozesse sind geistige Leistungen des Gehirns, also alle Denk-, Gedächtnis-, Entscheidungs- und Erkenntnisprozesse

[4] Teil des Nervensystems zur Steuerung lebenswichtiger Organfunktionen

[5] Abkürzung für den wissenschaftlichen Fachbereich „Künstliche Intelligenz"

[6] entspricht den Neuronen des menschlichen Gehirns

[7] Verfahren zur optimalen Aufgabenlösung ohne festgesetzten Lösungsweg, sondern auf Basis von Wahrscheinlichkeitsberechnungen

[8] System mit dem Wissen eines Experten für ein kleines Fachgebiet

[9] heißt „PROgrammierung in LOGik"; wichtigste, logische Programmiersprache

[10] Möglichkeit des Schlussfolgerns auf eine nicht gegebene Information durch andere vorhandene Informationen

[11] Finden von Lösungen mit begrenztem Wissen und wenig Zeitaufwand

[12] Gegenteil zum Sensor; „Gliedmaßen" des Roboters

[13] Mobile Robotereinheiten, die nach dem Verhalten von Ameisen und Bienen konzipiert wurden

[14] persönliche Auswahl der bedeutendsten und erfolgreichsten Filme dieses Genres

[15] Kombination aus Mensch und mechanischen Bauteilen zur Verstärkung der Eigenschaften der biologischen Körper

[16] Gesetze zitiert nach I,Robot, da der Film auf Asimovs Büchern basiert

5.2 Literaturverzeichnis

Bücher:

1. Görz, Günther und Nebel, Bernhard: Künstliche Intelligenz. Fischer Taschenbuch Verlag, Frankfurt am Main 2003
2. Brockhaus Enzyklopädie in 15 Bänden. 20. Auflage. F. A. Brockhaus, Leipzig & Mannheim 1997
3. Haring, Bas: Sind wir so schlau wie wir denken? – Der Wettstreit zwischen menschlicher und künstlicher Intelligenz. List, Berlin 2005
4. Mainzer, Klaus: Gehirn, Computer, Komplexität. Springer-Verlag, Berlin 1997

Technische Medien:

5. Microsoft Encarta 2007 Wissen und Lernen, DVD-ROM, 2006

Internetseiten:

6. http://www.it-helpnet.de/Dokumente/Sonstiges/AI%20-%20K%FCnstliche%20Intelligenz.pdf, 4. Februar 2009

5.3 Bildverzeichnis

- Abbildung 1 (3. Februar 2009):

  http://bild.lexikon.meyers.de/1d7fbe7ef02b108d5c83aa69291f6ab1/498ef113/1/1/4/8/9/5/Z/

  114895Z_500pix.jpg

- Abbildung 2 (5. Februar 2009):

  http://pics.computerbase.de/lexikon/98973/200px-Neural_network.svg.png

- Abbildung 3 (9. Februar 2009):

  http://pics.computerbase.de/1/6/3/3/3/1_m.jpg

- Abbildung 4 (10. Februar 2009):

  http://bild.lexikon.meyers.de/e4654c34a6f262aa4e1df54983613bce/4996d8d8/1/

  0/6/7/6/5/Z/106765Z_vollbild.jpg

- Abbildung 5 (12. Februar 2009):

  http://www.lego-robotik.ch/robotik/bilder/haushalt5.jpg

- Abbildung 6 (13. Februar 2009):

  http://www.dld-conference.com/Asimo.jpg

- Abbildung 7 (14. Februar 2009):

  http://www.defensereview.com/1_31_2004/PackBot_Afghanistan_Soldier.jpg

- Abbildung 8 (16. Februar 2009):

  http://pics.computerbase.de/lexikon/187528/Isaac.Asimov02.jpg

5.4 Filmverzeichnis

1. I,Robot: Alex Proyas, Twentieth Century Fox Home Entertainment, Amerika 2004
2. Der 200-Jahre-Mann: Chris Columbus, Sony Pictures Home Entertainment, Amerika 2002
3. Robo Sapiens: Jill Marshal, Discovery Networks, Amerika 2003